Pato y ganso
Libro para colorear

Coloring Pages for Kids

Coloring Pages for Kids
An imprint of Ciparum LLC

Pato y ganso libro para colorear
© 2017 Ciparum LLC
All rights reserved.
ISBN-10:1-63589-477-8
ISBN-13:978-1-63589-477-6

Coloring Pages for Kids

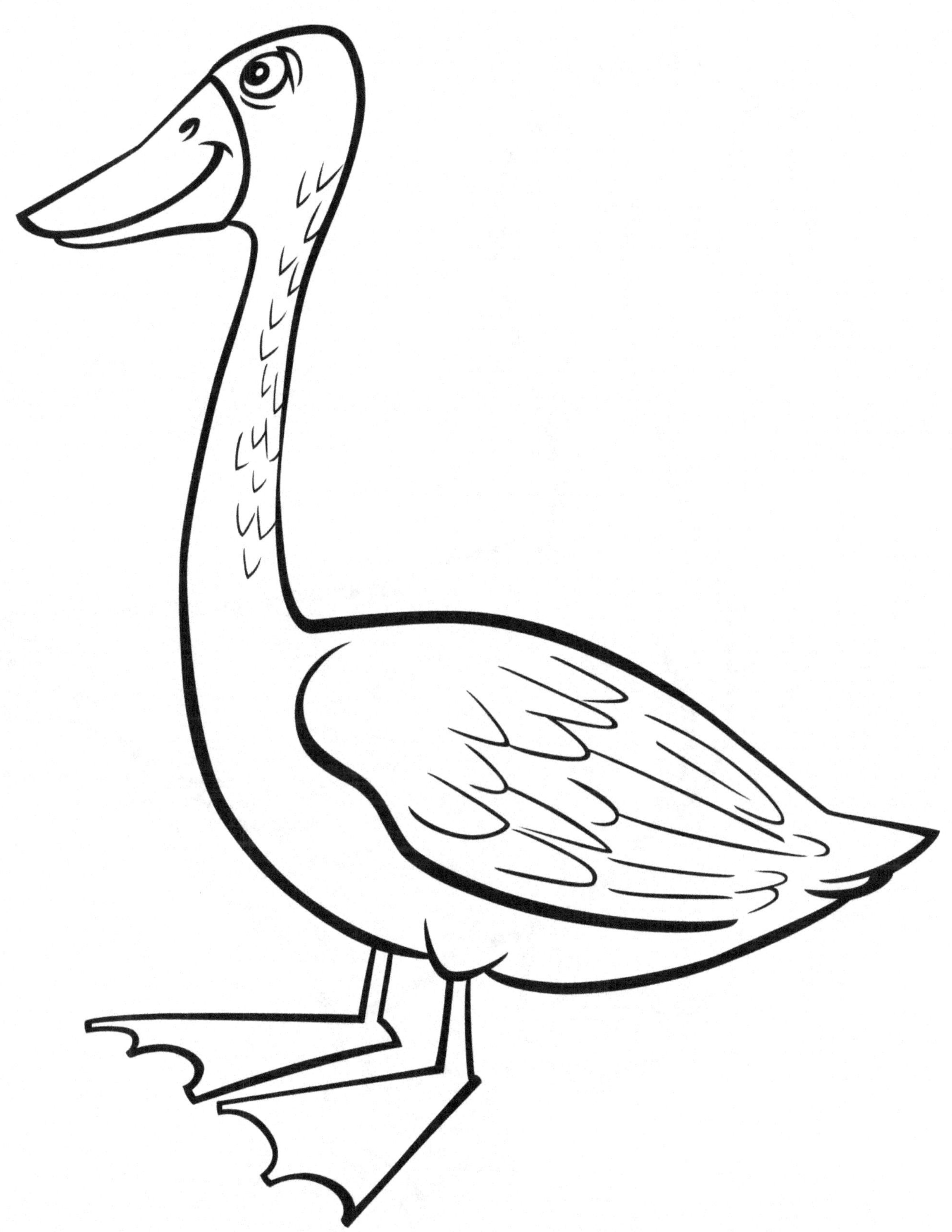

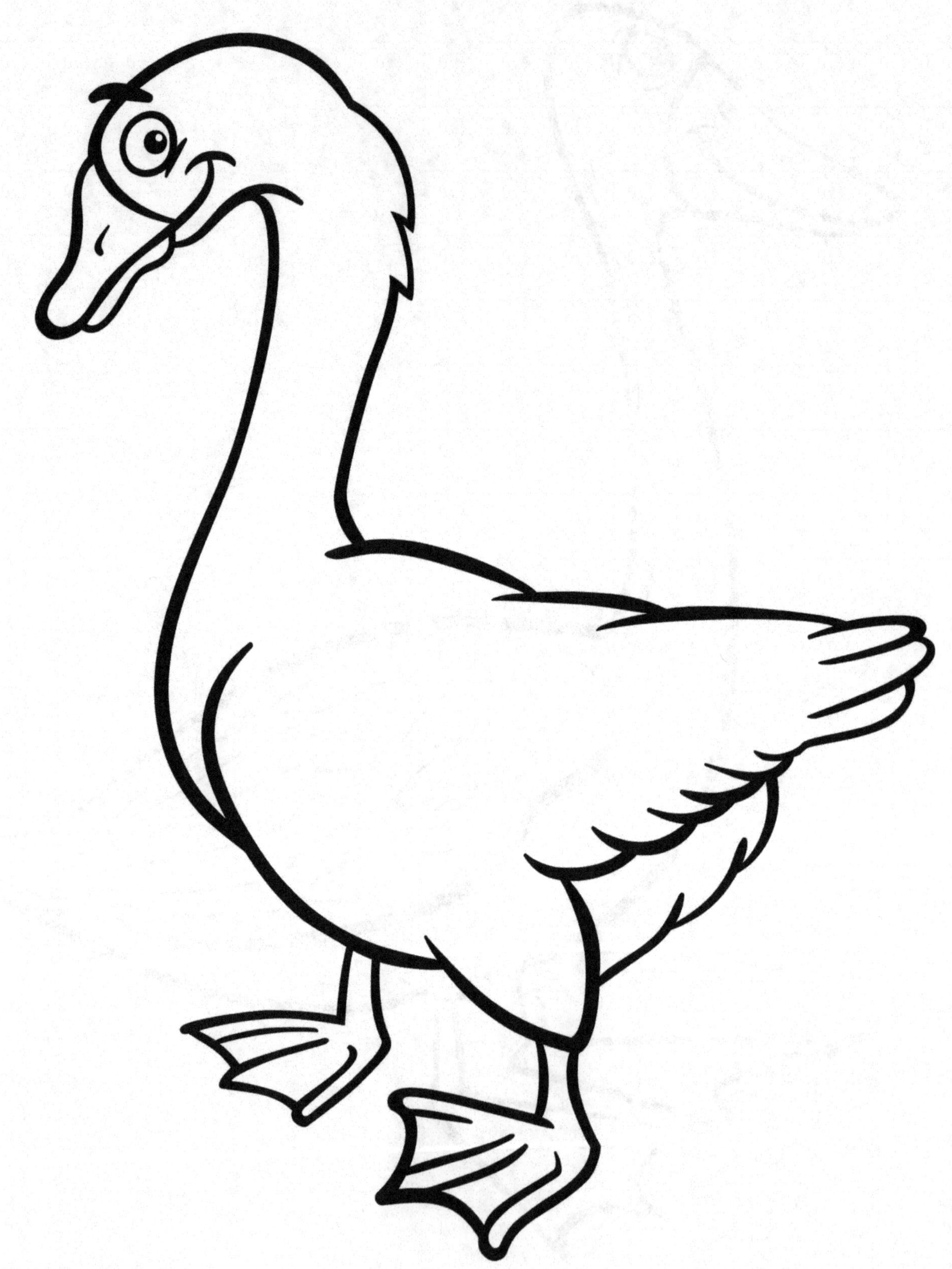

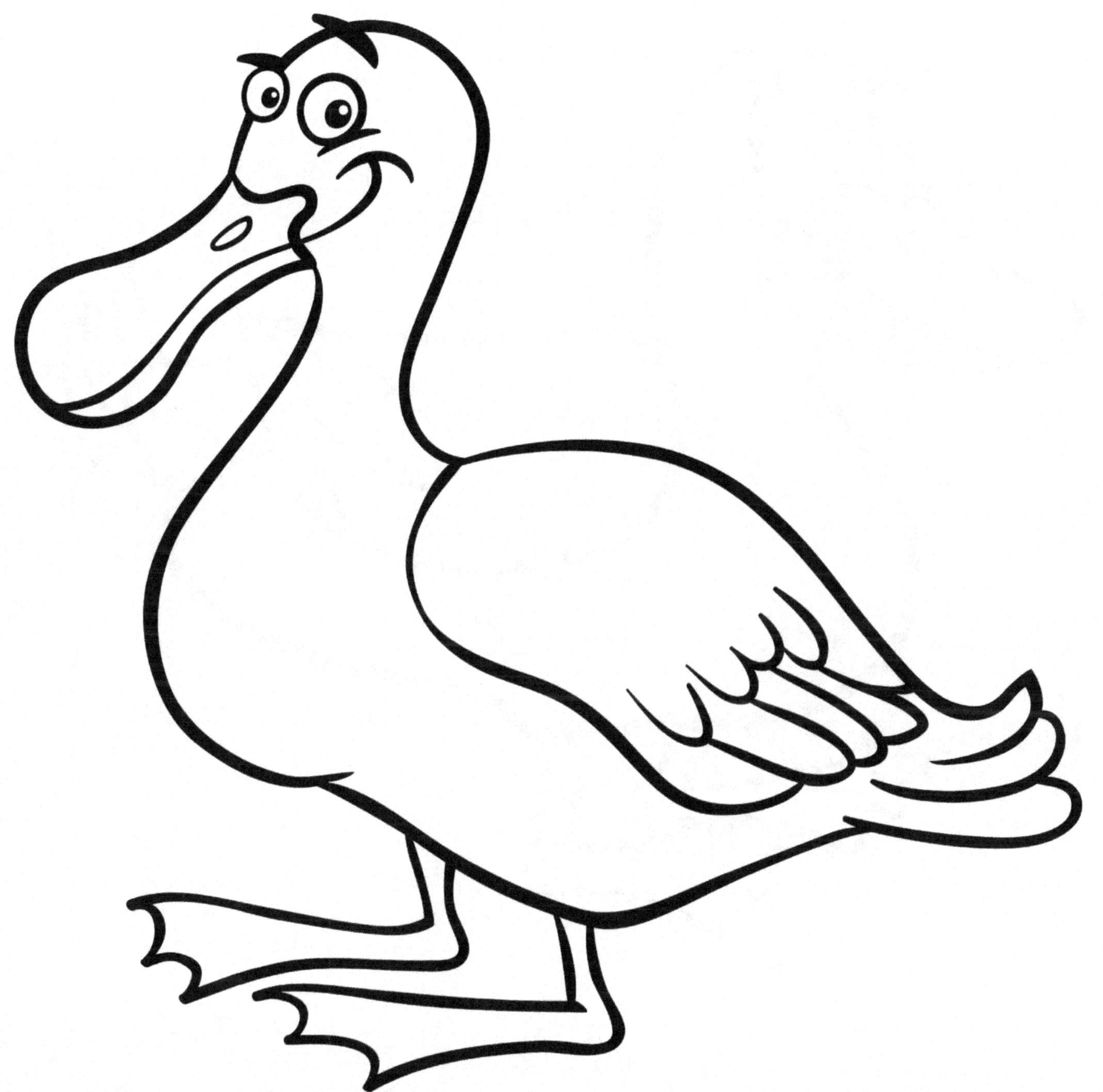

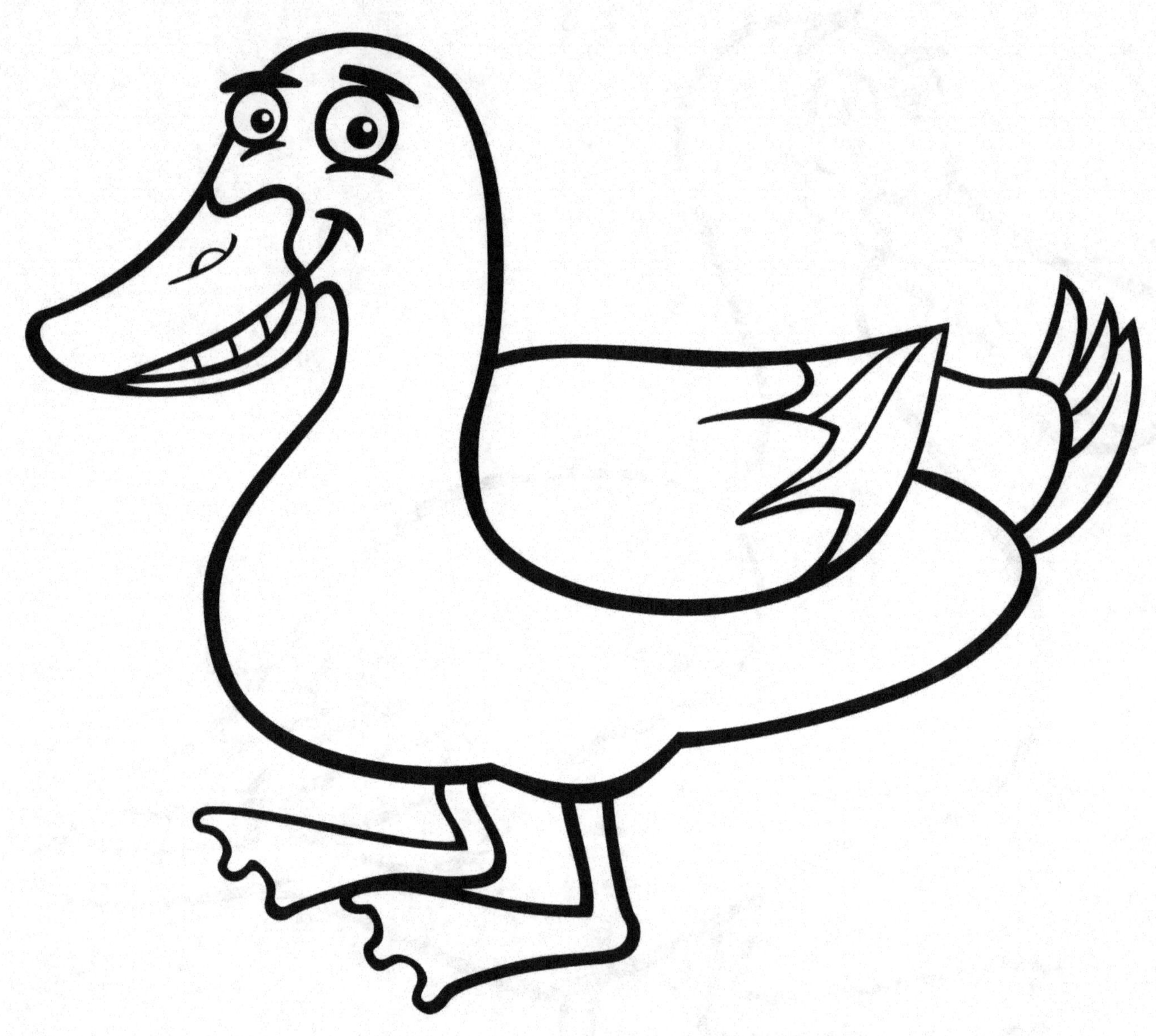

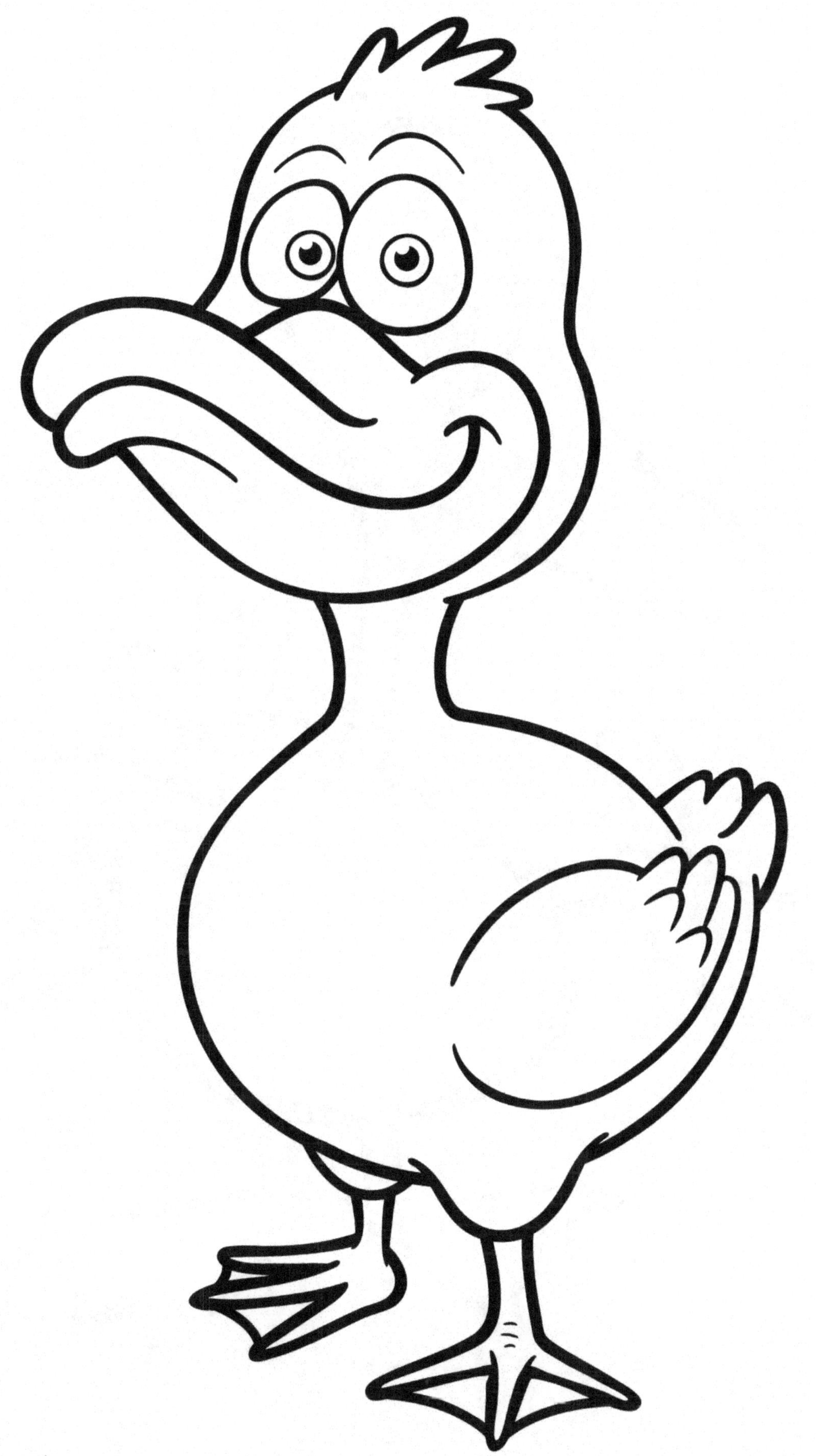

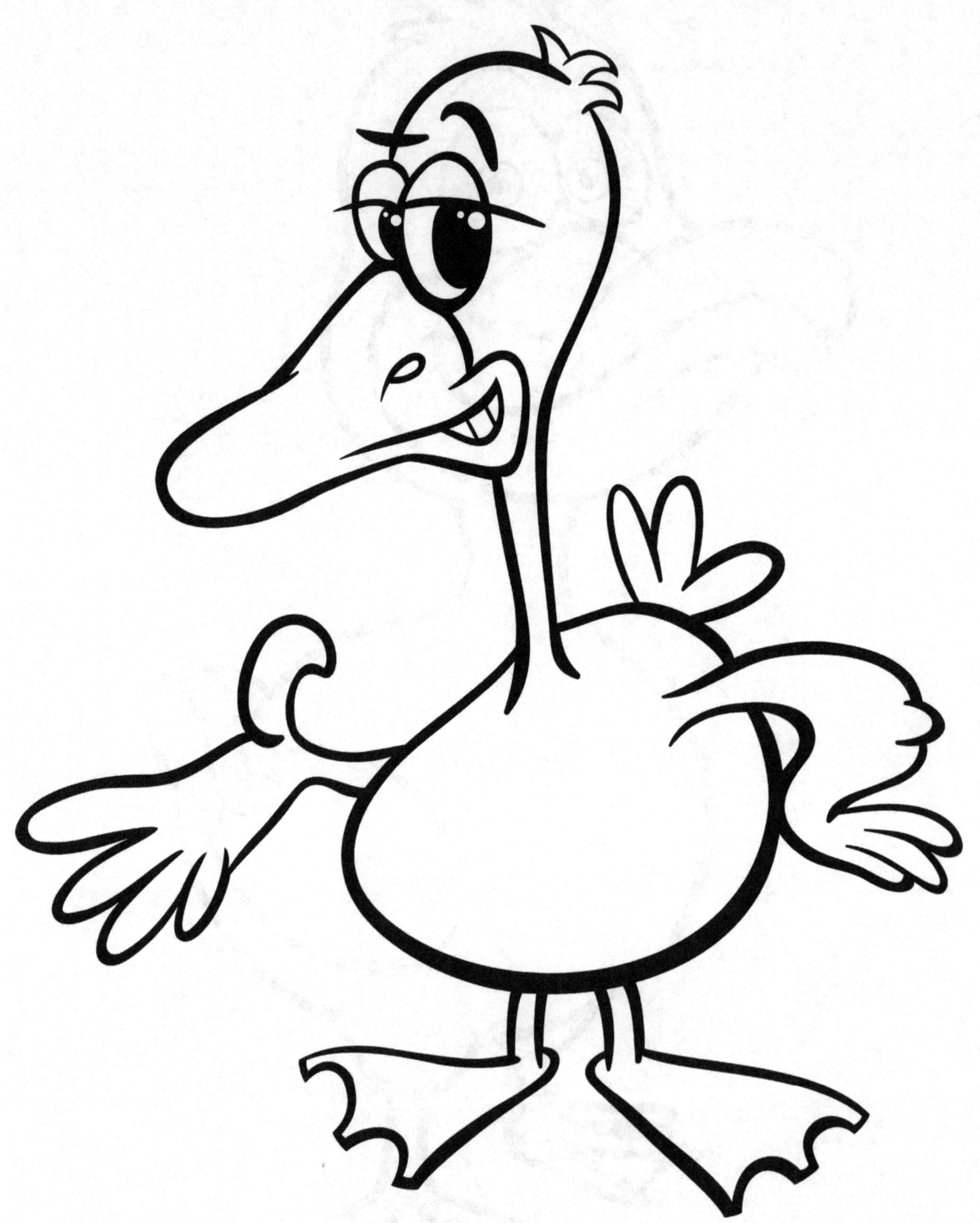

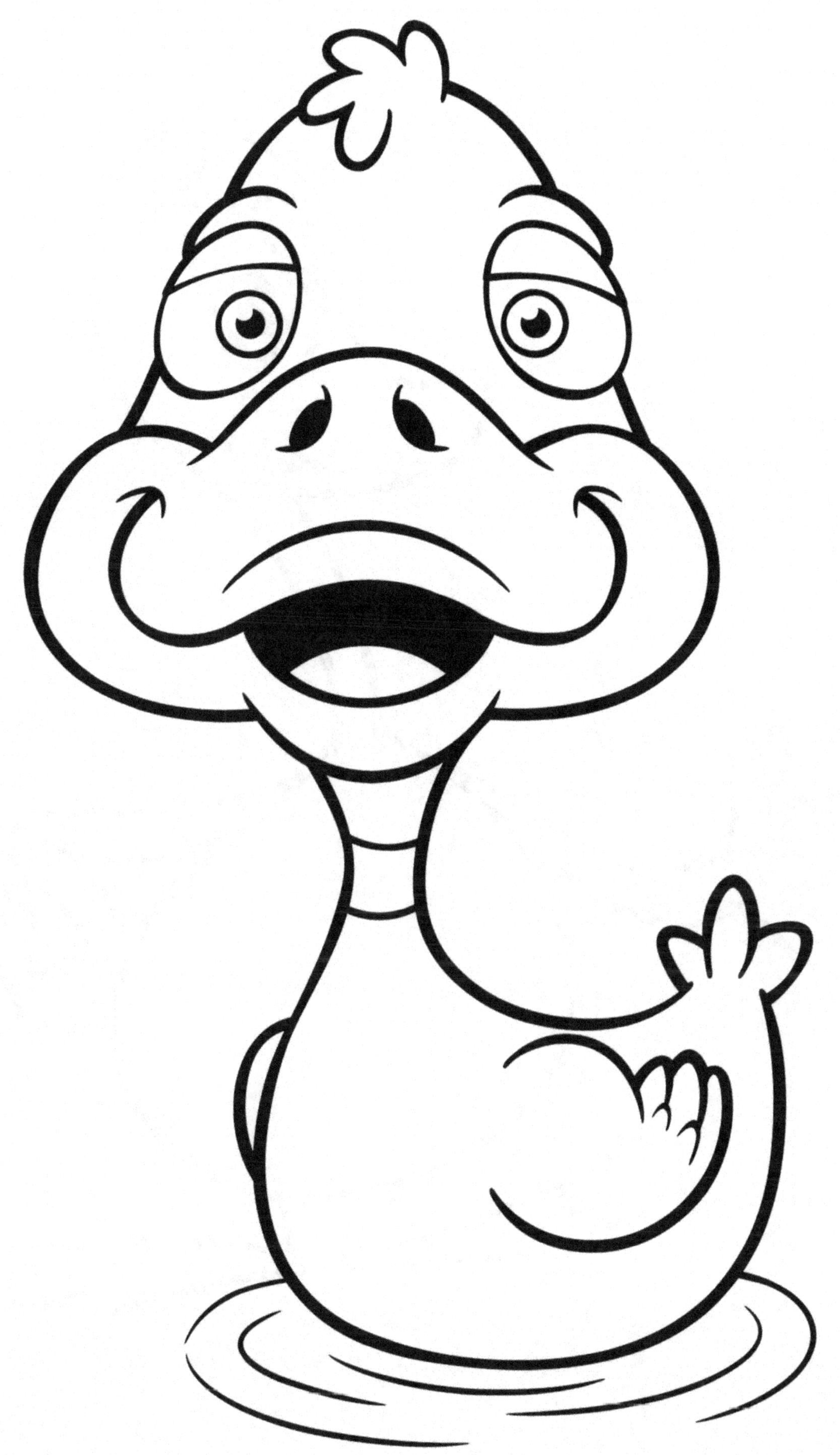

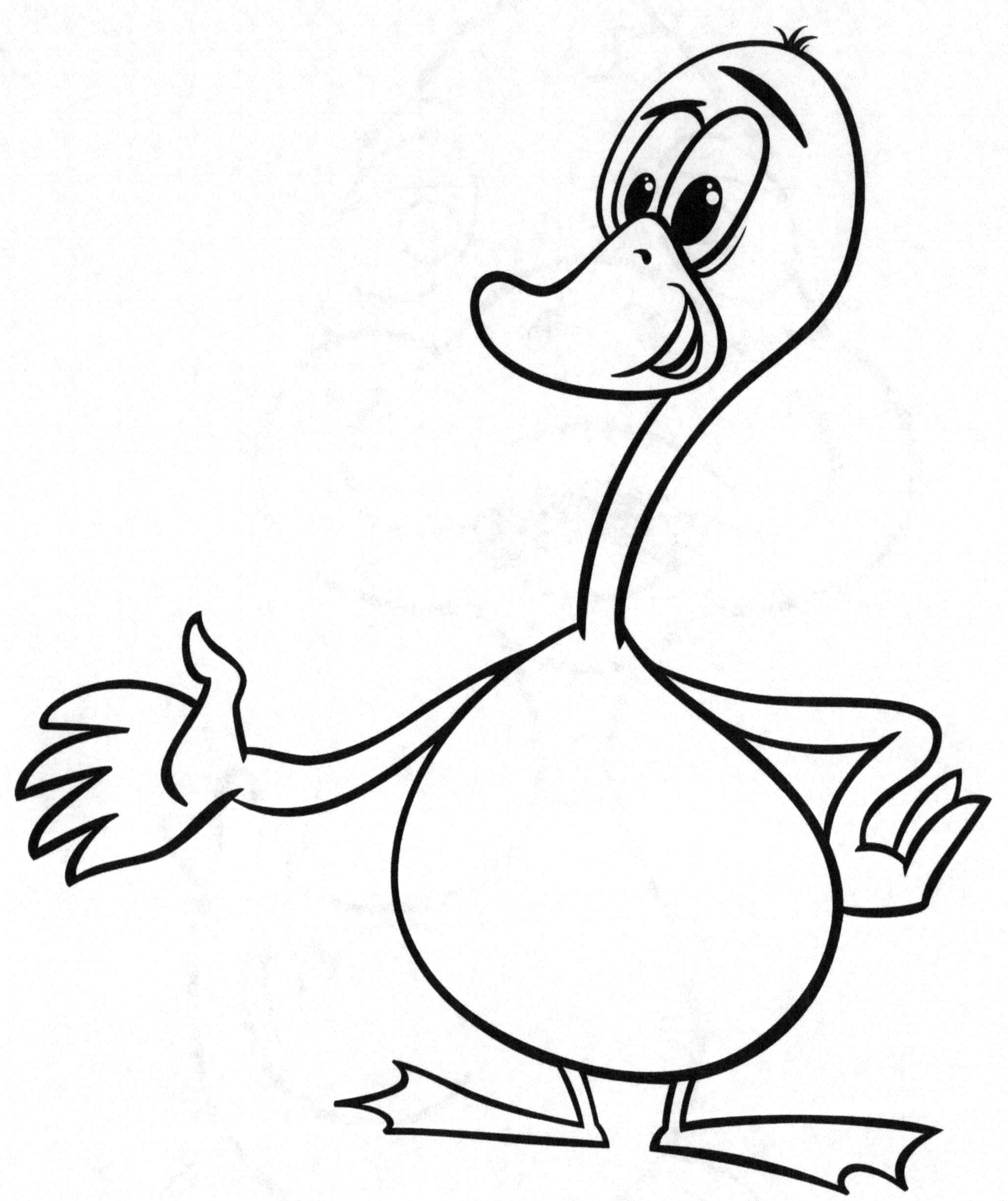

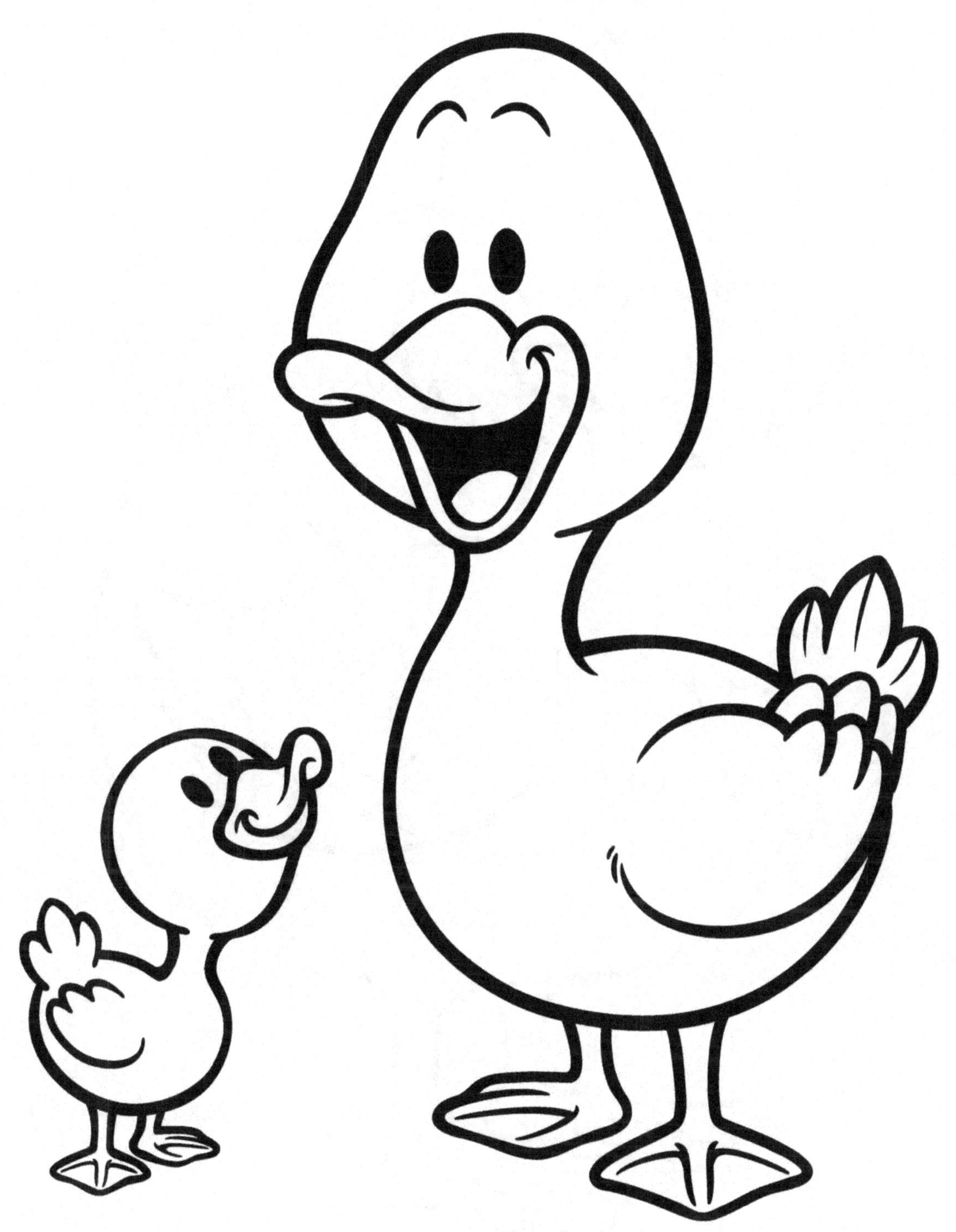

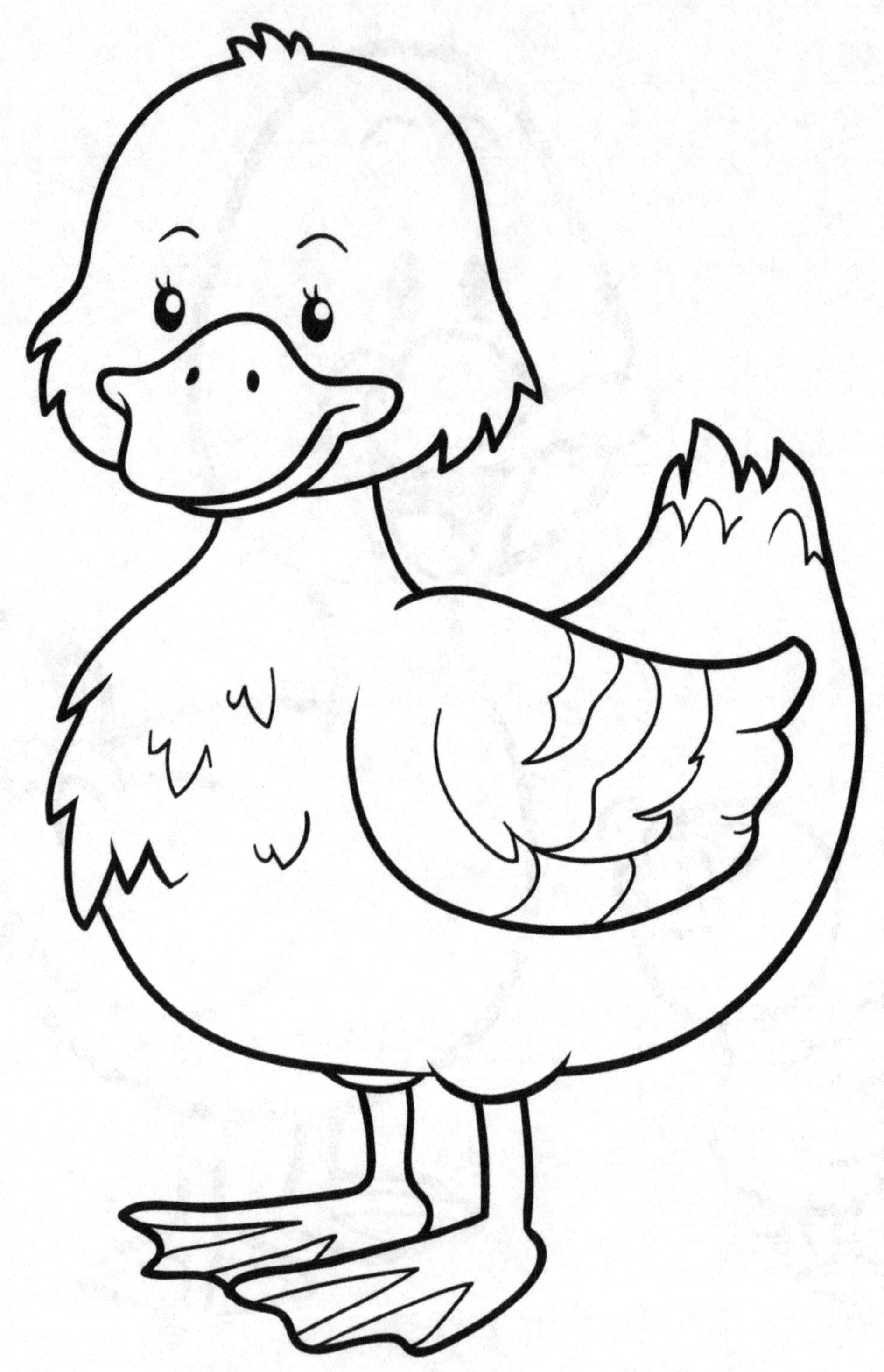

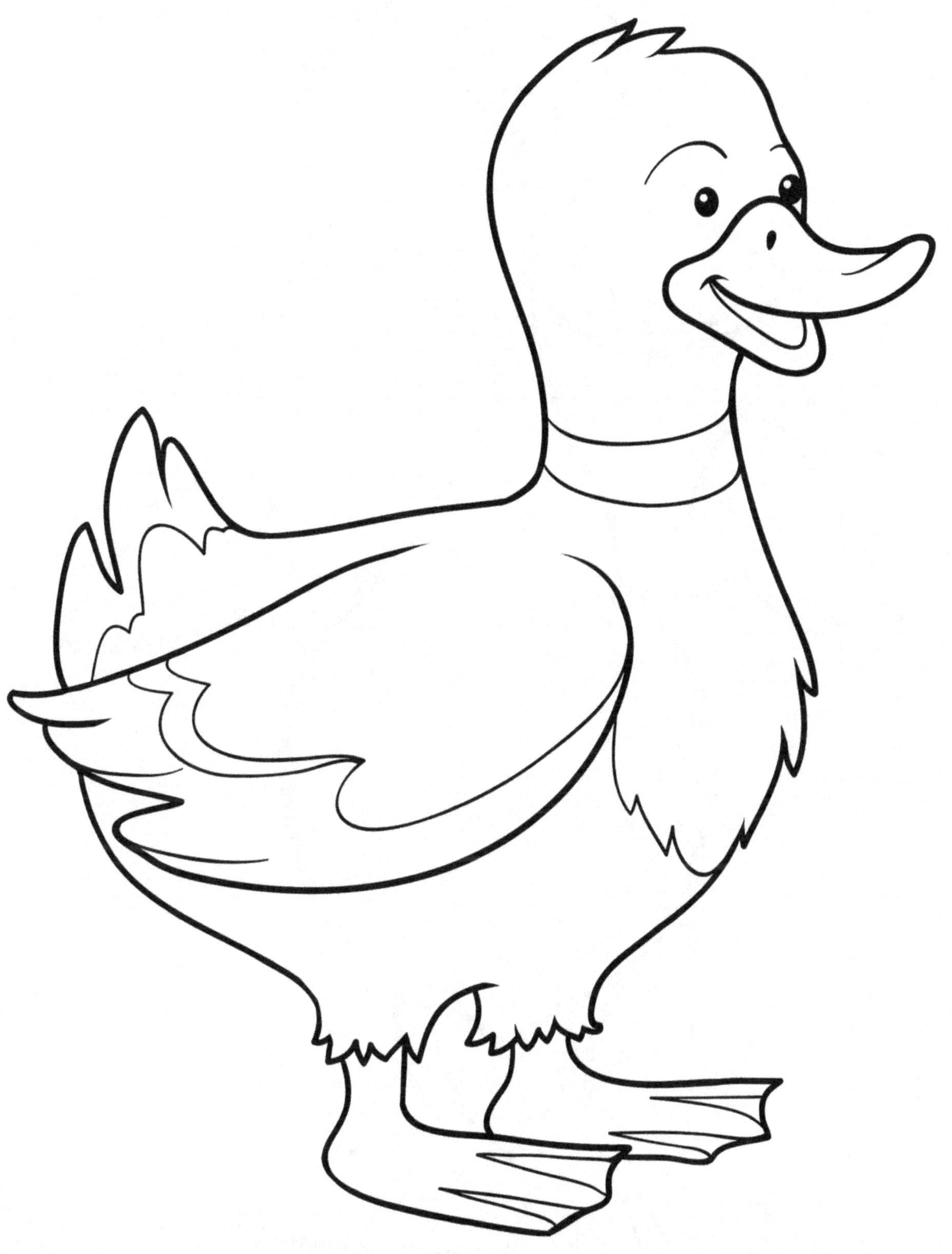

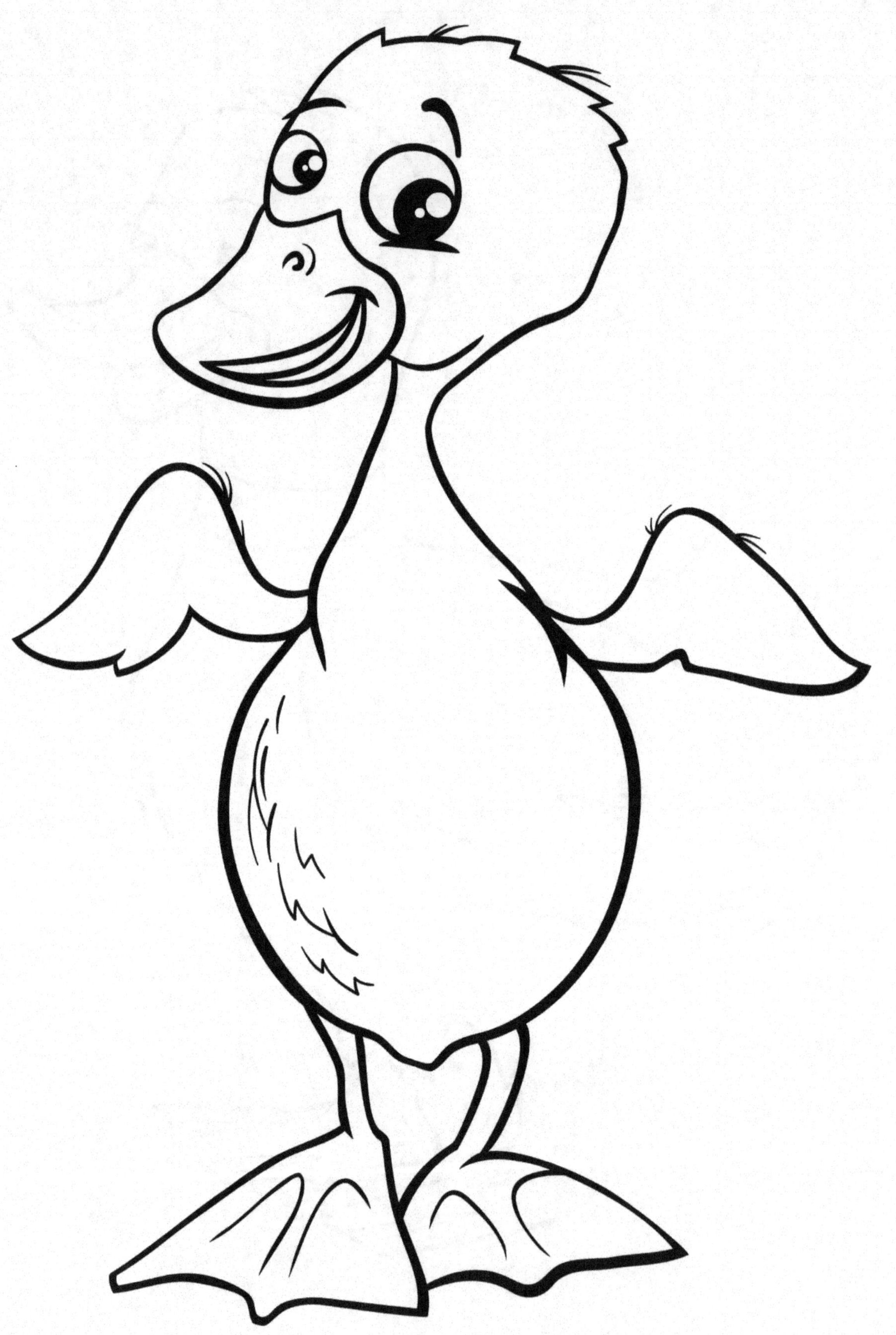

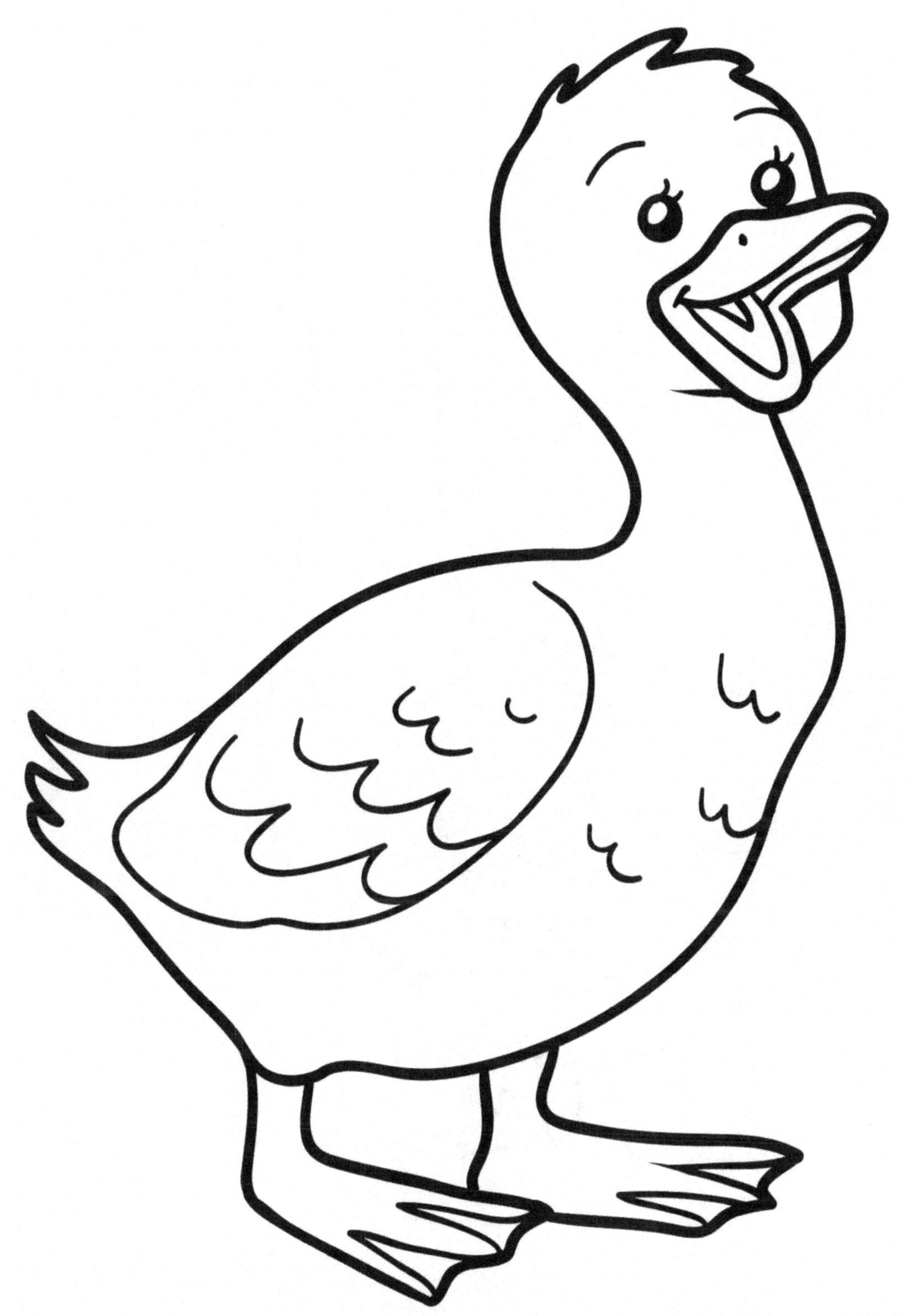

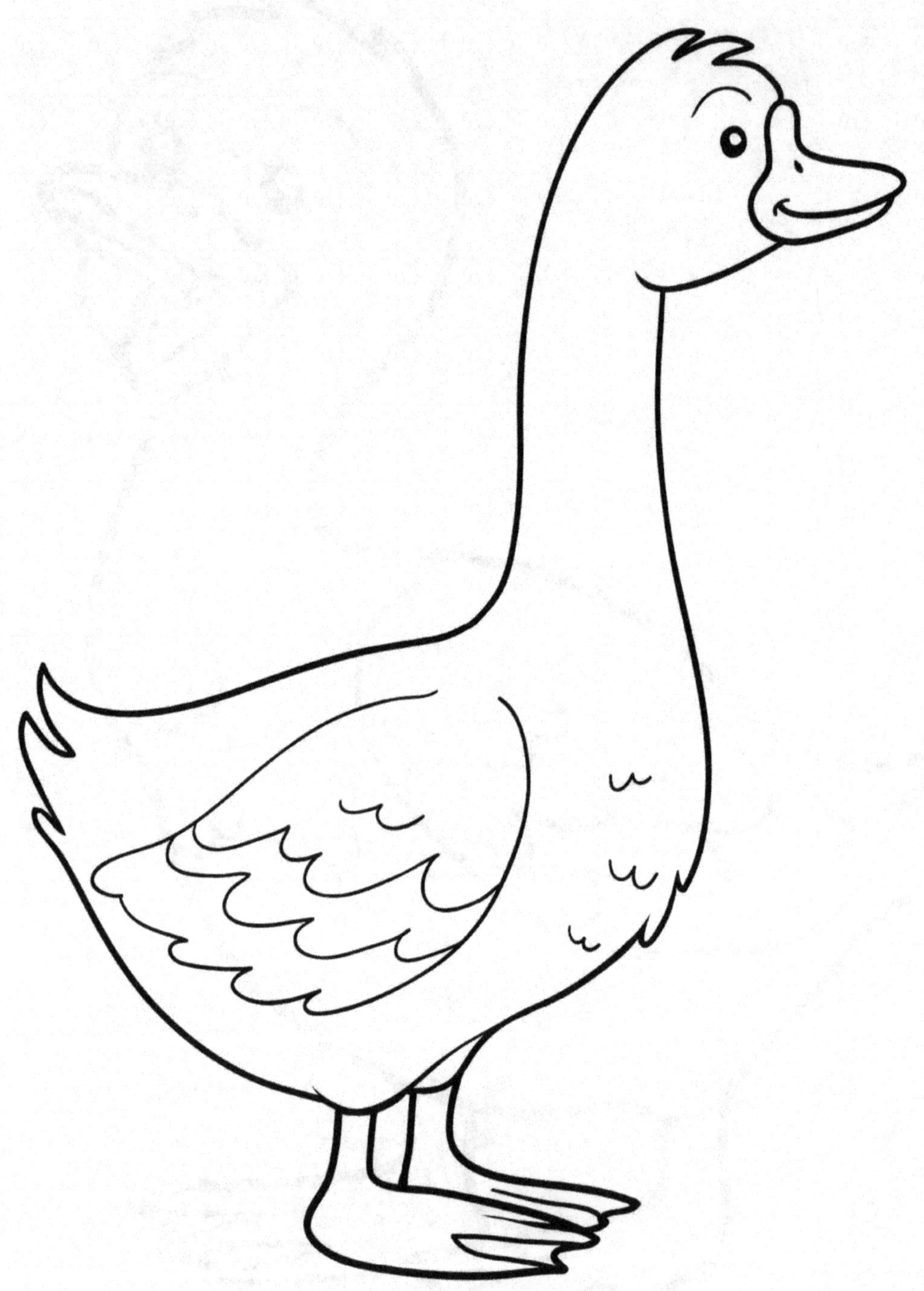

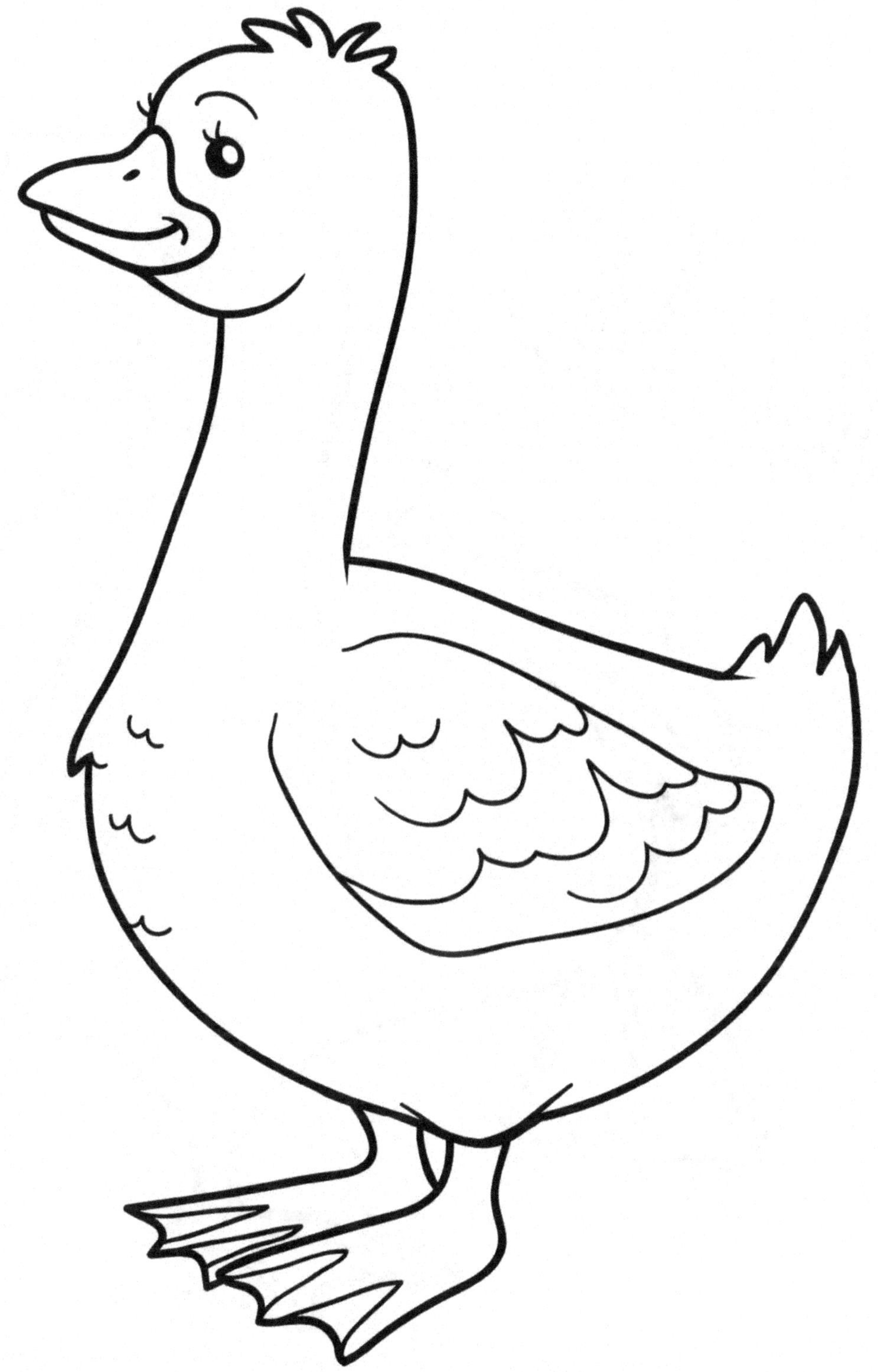

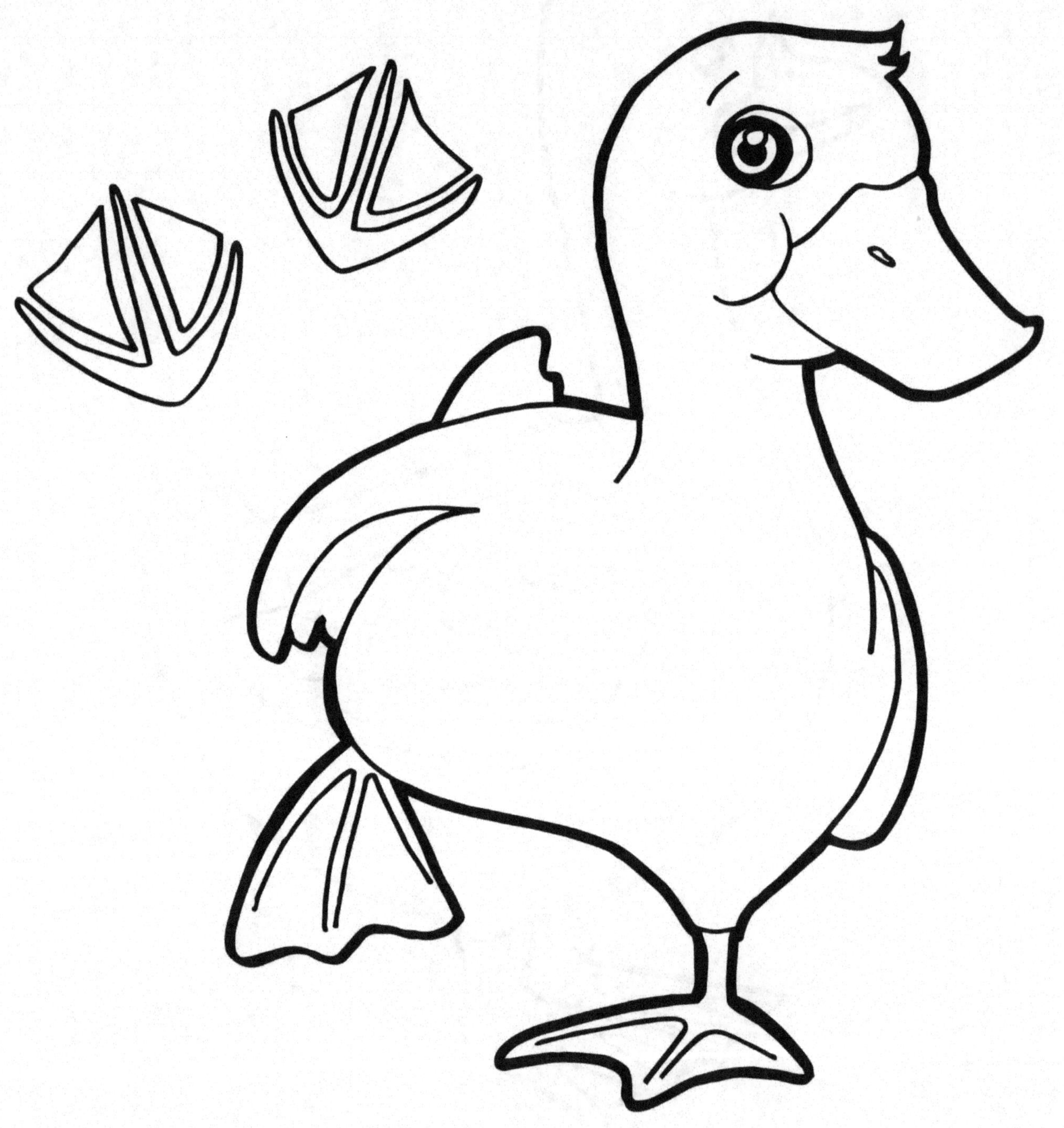

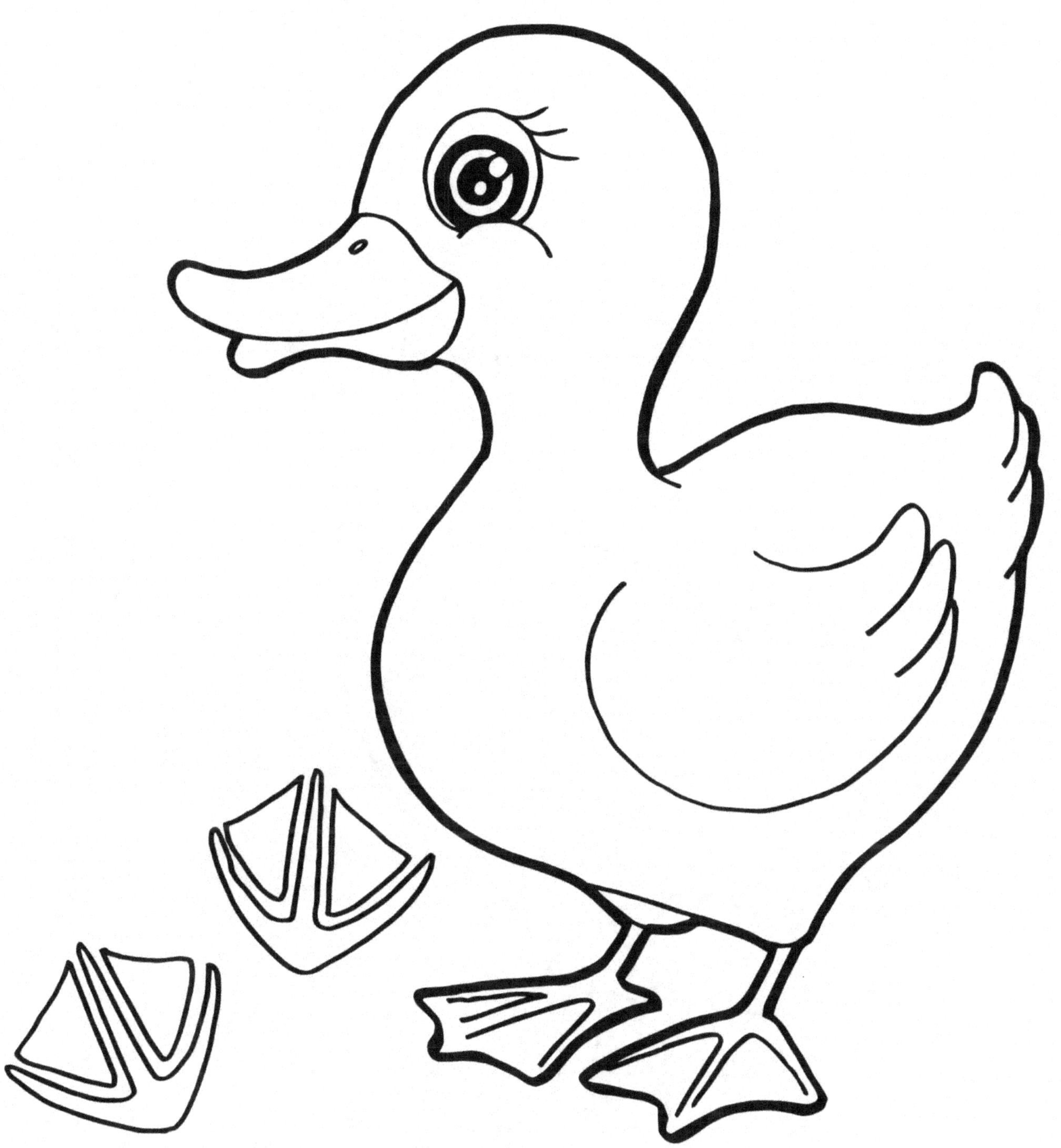

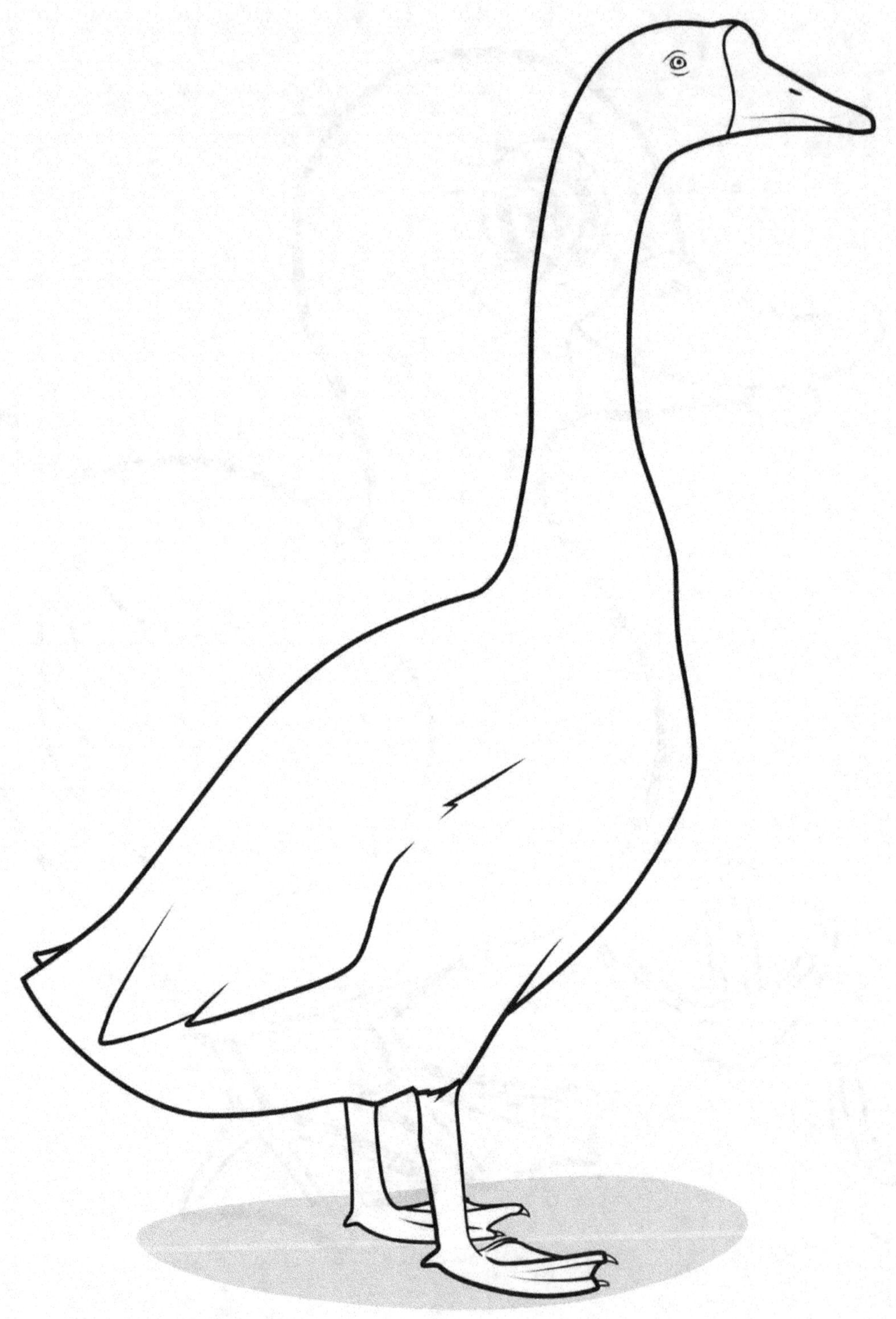

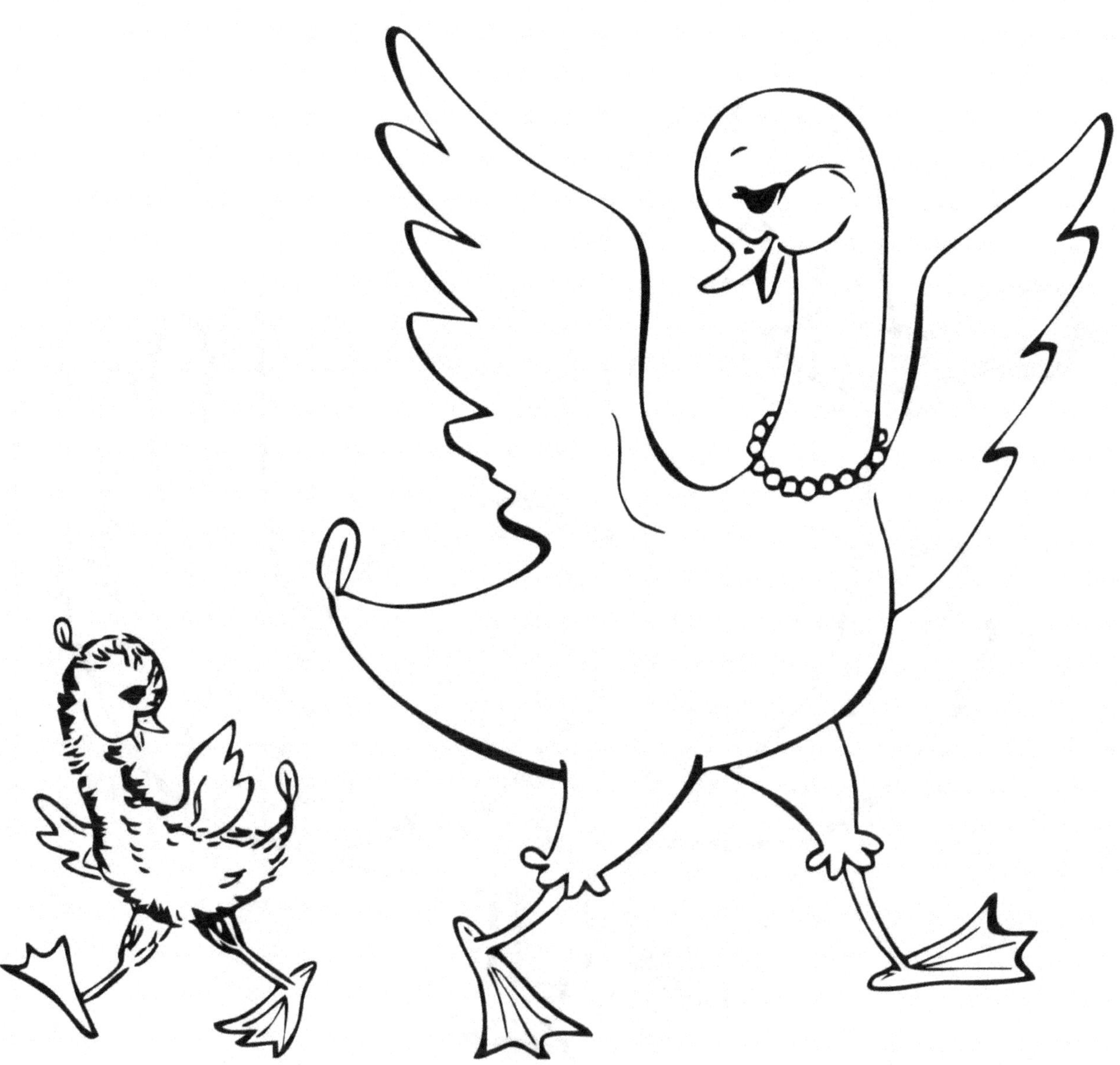

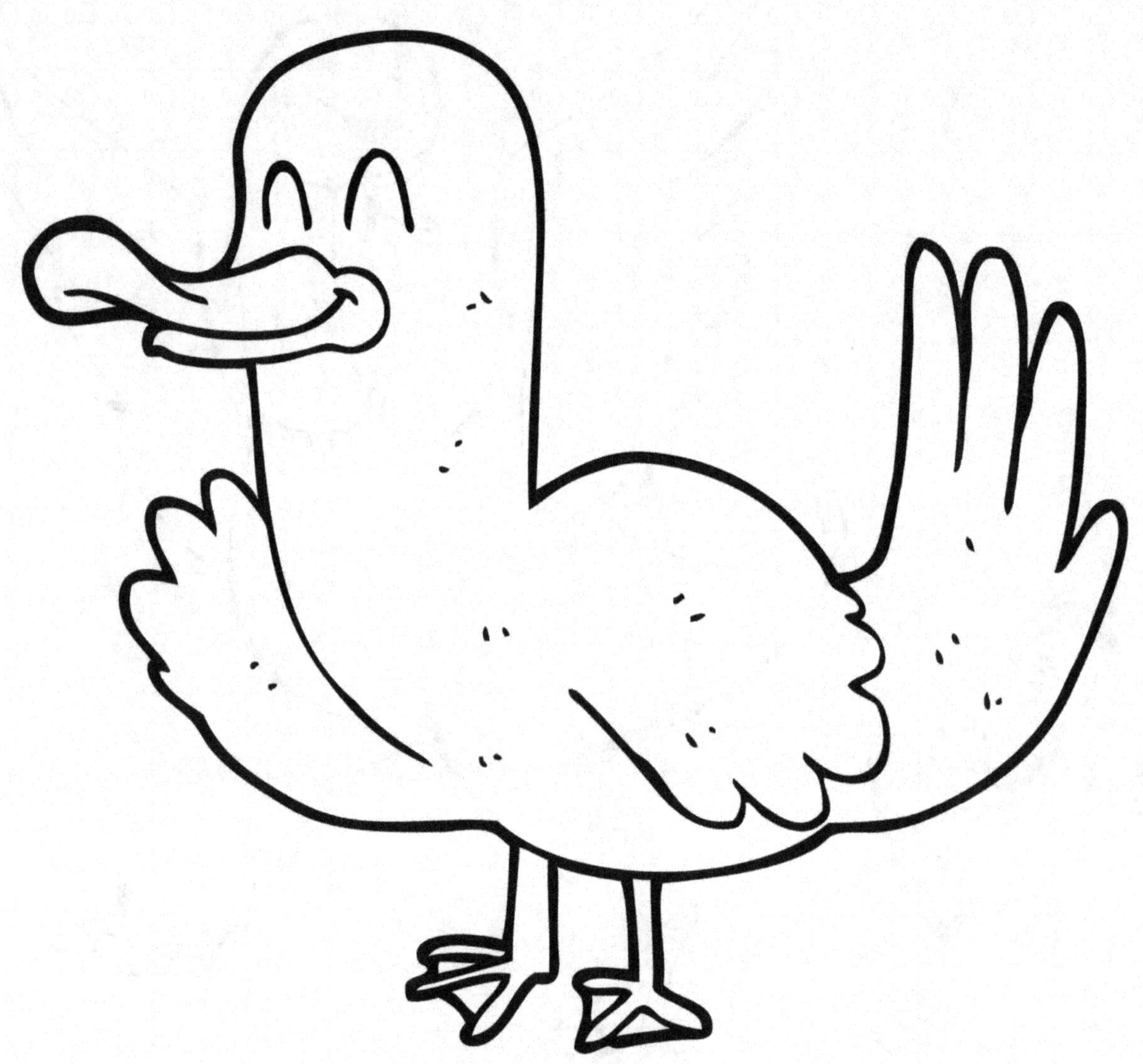

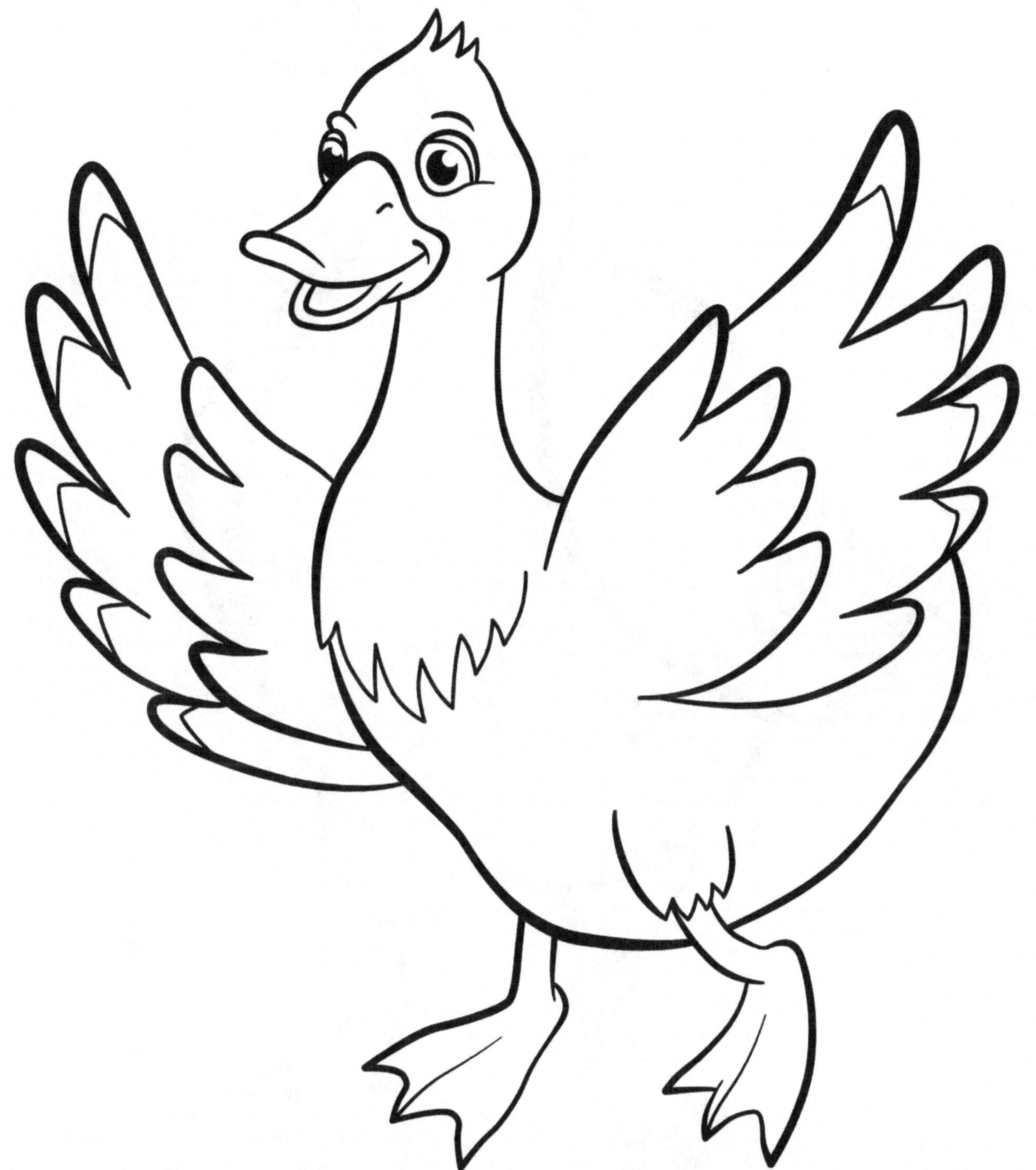

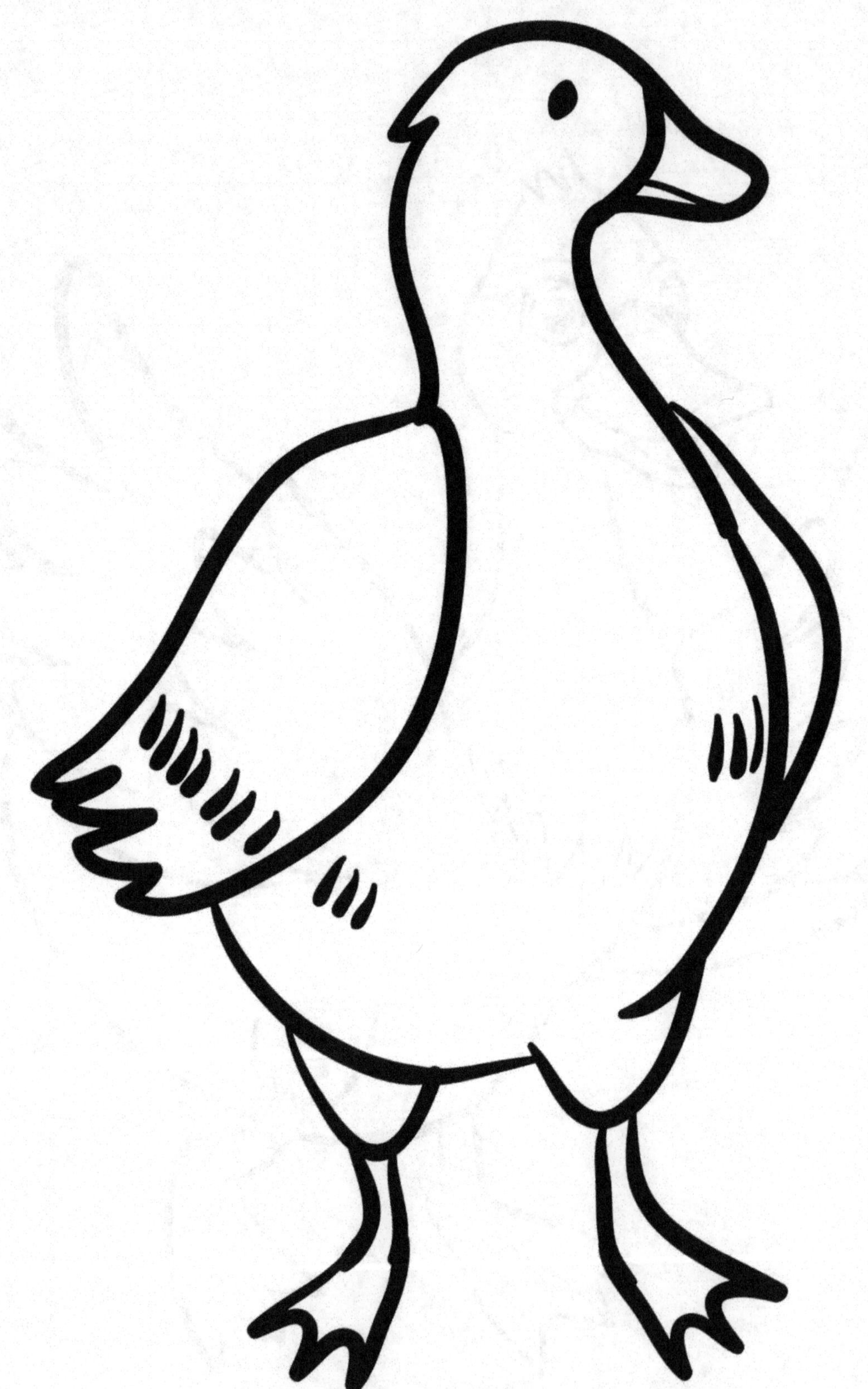

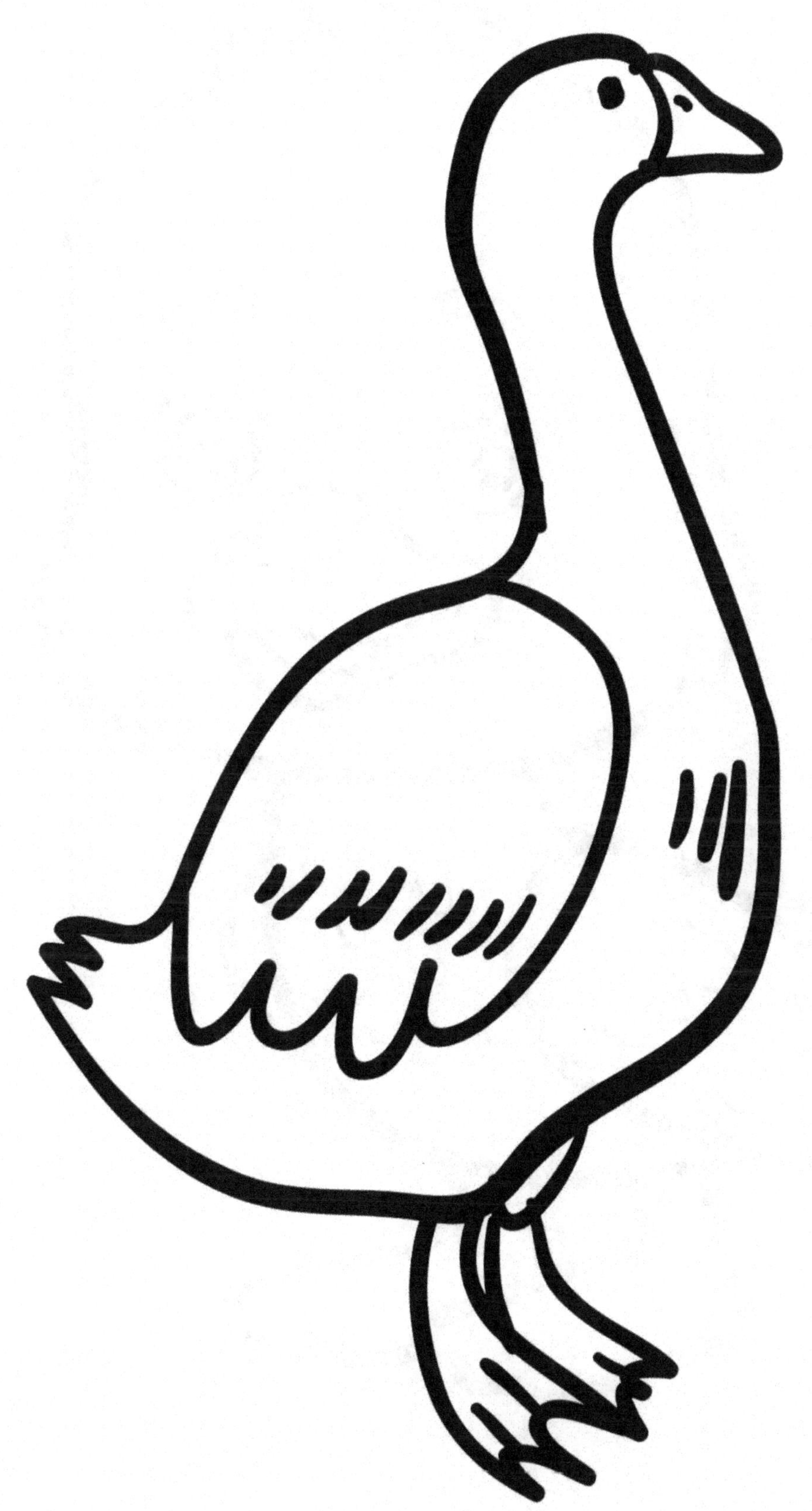

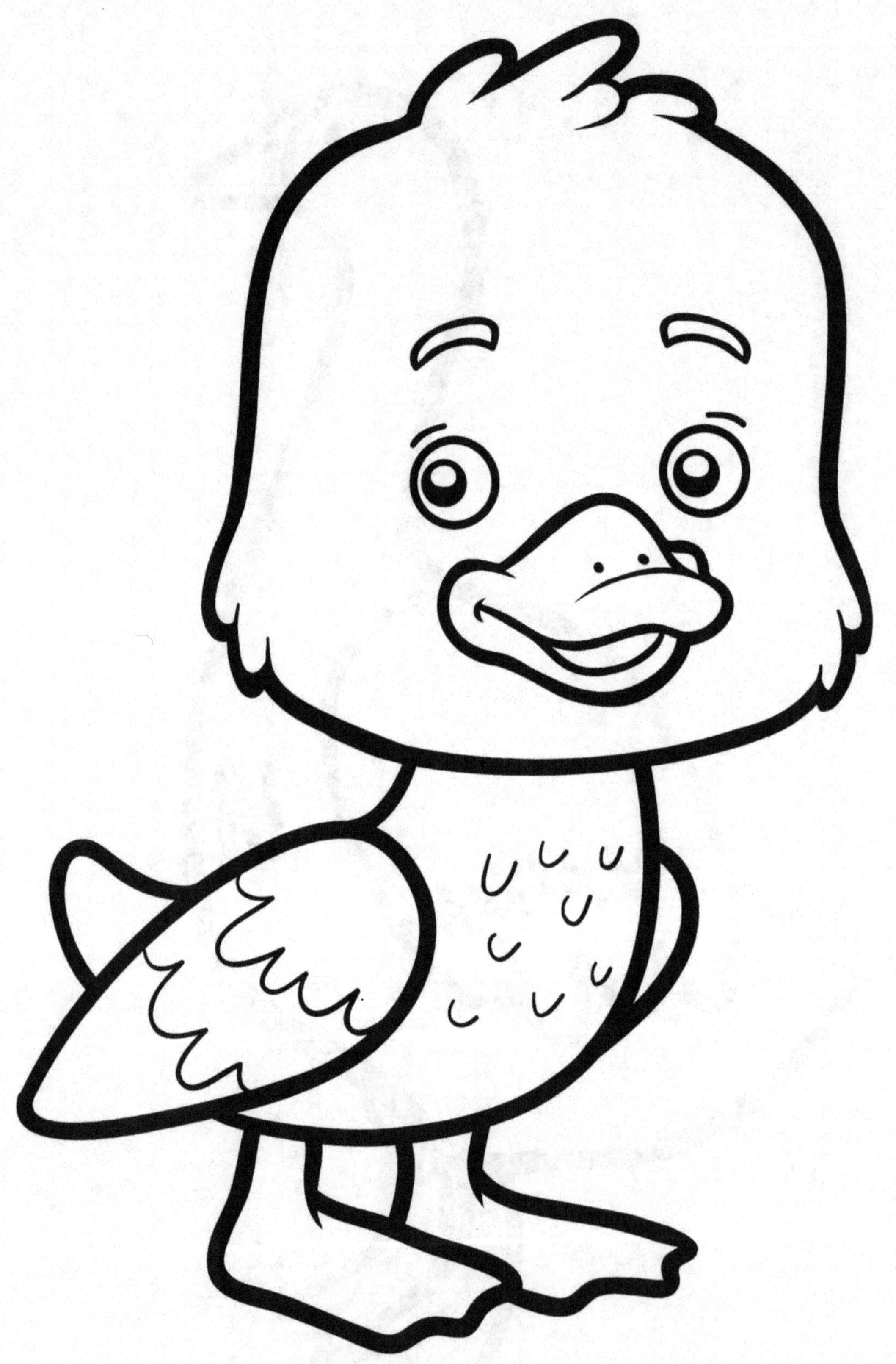

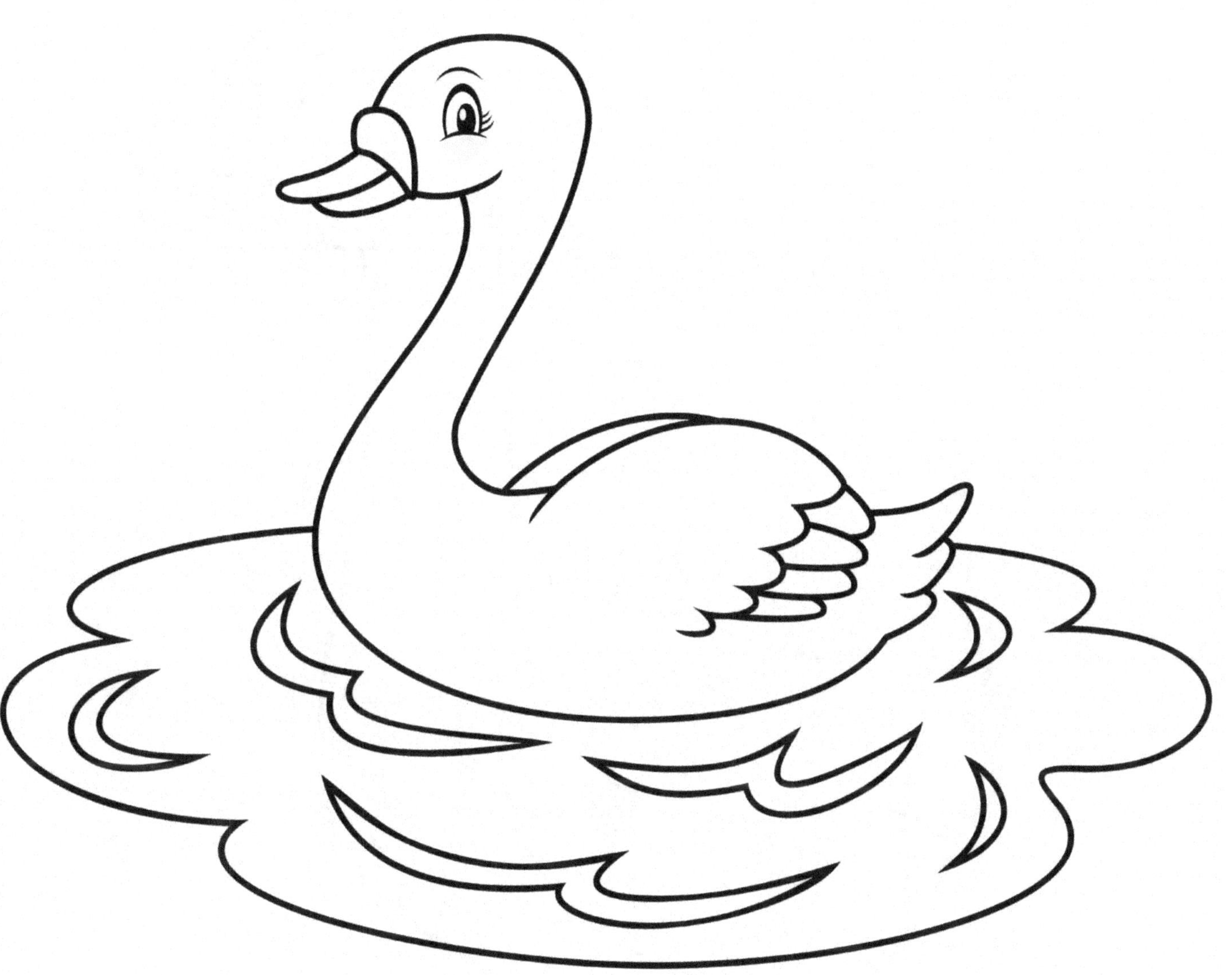

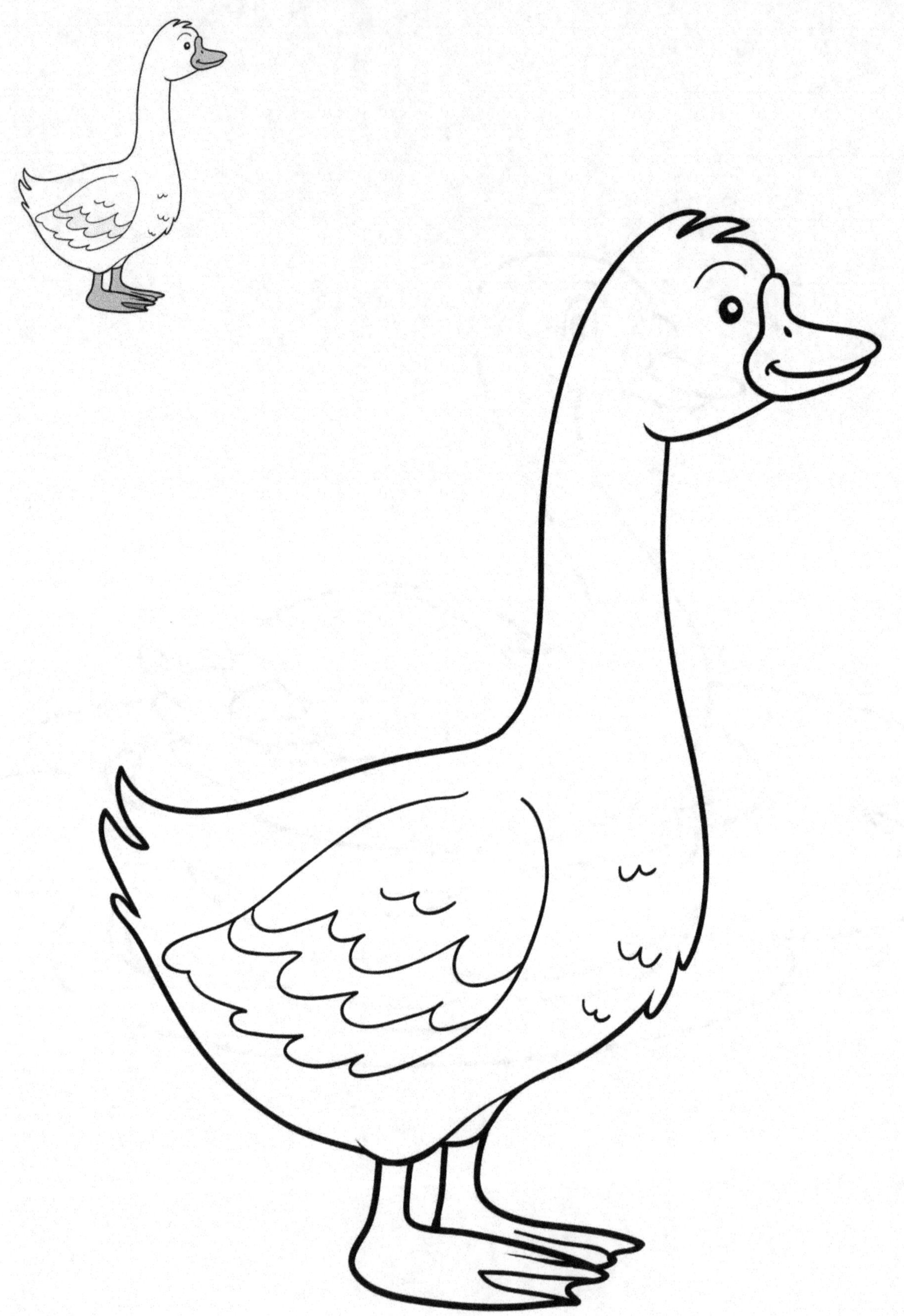